Bedienungsanleitung /Wörterbuch
Kryptowährungen

Abdullah Hamidi

Kapitel 1: Einführung in Kryptowährungen

1.1 Was sind Kryptowährungen?
1.1.1 Definition von Kryptowährungen
1.1.2 Funktionsweise von Kryptowährungen

1.2 Geschichte von Kryptowährungen
1.2.1 Entstehung von Kryptowährungen
1.2.2 Entwicklung von Kryptowährungen

1.3 Arten von Kryptowährungen
1.3.1 Bitcoin (BTC)
1.3.1.1 Aufbau von Bitcoin
1.3.1.2 Nutzen von Bitcoin
1.3.2 Ethereum (ETH)
1.3.2.1 Aufbau von Ethereum
1.3.2.2 Nutzen von Ethereum
1.3.3 Litecoin (LTC)
1.3.3.1 Aufbau von Litecoin
1.3.3.2 Nutzen von Litecoin
1.3.4 Ripple (XRP)
1.3.4.1 Aufbau von Ripple
1.3.4.2 Nutzen von Ripple
1.3.5 Solana (SOL)
1.3.5.1 Aufbau von Solana
1.3.5.2 Nutzen von Solana
1.3.6 Cardano (ADA)
1.3.6.1 Aufbau von Cardano
1.3.6.2 Nutzen von Cardano
1.3.7 Binance Coin (BNB)
1.3.7.1 Aufbau von Binance Coin
1.3.7.2 Nutzen von Binance Coin
1.3.8 Dogecoin (DOGE)
1.3.8.1 Aufbau von Dogecoin
1.3.8.2 Nutzen von Dogecoin
1.3.9 Altcoins (Alternative Kryptowährungen)
1.3.9.1 Überblick über Altcoins
1.3.9.2 Vorteile und Nachteile von Altcoins

1.4 Blockchain-Technologie
1.4.1 Was ist Blockchain?
1.4.2 Anwendungen von Blockchain

1.5 Kryptowährungs-Mining

1.5.1 Was ist Kryptowährungs-Mining?
1.5.2 Wie funktioniert Kryptowährungs-Mining?
1.5.3 Risiken und Chancen von Kryptowährungs-Mining

1.6 Anwendungen von Kryptowährungen
1.6.1 Anwendungen in Online-Shops
1.6.2 Anwendungen im Gaming-Bereich
1.6.3 Anwendungen in der Finanzbranche
1.6.4 Anwendungen in der Supply Chain

Kapitel 2: Wallet erstellen und verwalten
2.1 Wallet-Arten
2.1.1 Hot Wallet
2.1.2 Cold Wallet

2.2 Wallet erstellen
2.2.1 Bitcoin Wallet erstellen
2.2.2 Ethereum Wallet erstellen
2.2.3 Wallet für Solana, Cardano, BNB und Dogecoin erstellen
2.2.4 Wallet für andere Kryptowährungen erstellen
2.2.5 Cold Wallet erstellen

2.3 Wallet sichern und wiederherstellen
2.3.1 Sicherung mittels privaten Schlüssels
2.3.2 Wiederherstellung verlorener Wallet

2.4 Sicherheit von Kryptowährungen
2.4.1 Risiken und Bedrohungen für Kryptowährungen
2.4.2 Tipps zur Sicherung von Kryptowährungen

Kapitel 3: Kauf und Verkauf von Kryptowährungen
3.1 Kryptowährungen kaufen
3.1.1 Kryptowährungen an Krypto-Börsen kaufen
3.1.2 Kryptowährungen direkt von privaten Verkäufern kaufen

3.2 Kryptowährungen verkaufen
3.2.1 Kryptowährungen an Krypto-Börsen verkaufen
3.2.2 Kryptowährungen direkt an private Käufer verkaufen

3.3 Tausch von Kryptowährungen
3.3.1 Tausch von Kryptowährungen an Krypto-Börsen
3.3.2 Tausch von Kryptowährungen direkt mit anderen Nutzern

3.4 Kryptowährungs-Marktanalyse
3.4.1 Technische Analyse
3.4.2 Fundamentale Analyse
3.4.3 Verwendung von Indikatoren

Kapitel 4: Transaktionen und Bestätigungen

4.1 Was sind Transaktionen?
4.1.1 Überblick über Transaktionen in Kryptowährungen
4.1.2 Beispiele für Transaktionen

4.2 Bestätigung von Transaktionen
4.2.1 Was sind Bestätigungen?
4.2.2 Wie werden Transaktionen bestätigt?

4.3 Gebühren für Transaktionen
4.3.1 Überblick über Gebührenstrukturen
4.3.2 Wie werden Gebühren berechnet?

Kapitel 5: Sicherheit und Risiken

5.1 Sicherheitsmaßnahmen
5.1.1 Wallet-Sicherheit
5.1.2 Sicherheit bei Krypto-Börsen
5.1.3 Sicherheit beim Mining

5.2 Risiken beim Handel mit Kryptowährungen
5.2.1 Preisvolatilität
5.2.2 Hackerangriffe
5.2.3 Betrug

5.3 Schutz vor Betrug
5.3.1 Phishing
5.3.2 Ponzi-Schemen
5.3.3 Krypto-Scams

Kapitel 6: Steuerliche Aspekte

6.1 Steuerliche Regelungen
6.1.1 Steuerliche Behandlung von Kryptowährungen in verschiedenen Ländern
6.1.2 Berichtung von Kryptowährungstransaktionen

6.2 Versteuerung von Gewinnen

6.3 Meldepflichten

Kapitel 7: Kryptowährungs-Netzwerke und Nodes

7.1 Was ist ein Kryptowährungs-Netzwerk?

7.2 Was ist eine Node?

7.3 Arten von Nodes
7.3.1 Full Node
7.3.2 Lightweight Node
7.3.3 Mining Node

7.4 Wie man eine eigene Node betreibt

Kapitel 8: Advanced Trading Techniques

8.1 Arbitrage

8.2 Margin Trading

8.3 Algorithmic Trading

Kapitel 9: DeFi und Kryptowährungen

9.1 Was ist DeFi?

9.2 DeFi-Anwendungen in Kryptowährungen

9.3 Risiken und Chancen von DeFi

9.5 Was sind Smart Contracts?

9.5 Smart Contracts-Anwendungen in Kryptowährungen

Kapitel 10: Zusammenfassung und Ausblick

10.1 Zusammenfassung

10.2 Ausblick auf die Zukunft von Kryptowährungen

Anhang: Glossar

Literaturverzeichnis

"Herzlich Willkommen zu unserer Anleitung zum Verständnis und zur Nutzung von Kryptowährungen. In diesem Buch werden wir uns mit den Grundlagen von Kryptowährungen beschäftigen, ihre Geschichte, ihre verschiedenen Arten und ihre Anwendungen erklären. Wir werden Ihnen zeigen, wie Sie Ihre eigene Wallet erstellen und verwalten können, und wie Sie Kryptowährungen kaufen, verkaufen und tauschen können. Wir werden auch die Blockchain-Technologie erläutern, die hinter Kryptowährungen steht und wie das Kryptowährungs-Mining funktioniert.

Es ist jedoch wichtig zu betonen, dass dieses Buch keine Anlageberatung darstellt. Kryptowährungen sind hochvolatil und das Investment in sie birgt ein hohes Risiko. Wir empfehlen Ihnen, sorgfältig Ihre eigene Due Diligence durchzuführen und sich über die Risiken im Klaren zu sein, bevor Sie in Kryptowährungen investieren.
Dieses Buch dient lediglich als Informationsquelle und soll als Hilfe dienen, die Grundlagen von Kryptowährungen zu verstehen und sich in diesem schnelllebigen und spannenden Bereich sicher zu bewegen. Wir haben uns bemüht, das Buch in einer leicht verständlichen Sprache und einem praktischen Stil zu schreiben, damit Sie es immer wieder nachschlagen können, wenn Sie bestimmte Informationen benötigen.

Wir hoffen, dass Sie viel Spaß beim Lesen haben und alles erfahren, was Sie über Kryptowährungen wissen müssen, um erfolgreich in diesem Bereich tätig zu sein. Lassen Sie uns nun starten und entdecken Sie die Welt der Kryptowährungen."

Kapitel 1: Einführung in Kryptowährungen

1.1 Was sind Kryptowährungen?

1.1.1 Definition von Kryptowährungen

Kryptowährungen sind digitale oder virtuelle Währungen, die auf kryptografischen Verfahren basieren. Sie ermöglichen es, Zahlungen sicher und anonym zu tätigen, ohne dass eine zentrale Institution wie eine Bank involviert ist.

1.1.2 Funktionsweise von Kryptowährungen

Kryptowährungen basieren auf einem System von Peer-to-Peer-Transaktionen, bei denen jeder Teilnehmer eine Kopie der Transaktionshistorie hat. Um eine Transaktion durchzuführen, wird ein digitaler Schlüssel verwendet, der nur dem Besitzer der Kryptowährung bekannt ist. Dieser Schlüssel wird verwendet, um die Transaktion zu signieren und zu bestätigen, dass der Besitzer tatsächlich die Kryptowährung besitzt.

1.2 Geschichte von Kryptowährungen

1.2.1 Entstehung von Kryptowährungen

Die erste Kryptowährung, Bitcoin, wurde 2008 von einer Person oder einer Gruppe von Personen unter dem Pseudonym Satoshi Nakamoto entwickelt. Nakamoto veröffentlichte ein White Paper, in dem er die Idee einer dezentralen digitalen Währung beschrieb, die auf einem kryptografischen Verfahren basiert.

1.2.2 Entwicklung von Kryptowährungen

Seit der Einführung von Bitcoin hat sich die Welt der Kryptowährungen stark entwickelt. Es gibt mittlerweile Tausende von verschiedenen Kryptowährungen, die auf unterschiedlichen Technologien und Konzepten basieren. Einige der bekanntesten Kryptowährungen neben Bitcoin sind Ethereum, Ripple und Litecoin.

1.3 Arten von Kryptowährungen

1.3.1 Bitcoin (BTC)

1.3.1.1 Aufbau von Bitcoin

Bitcoin basiert auf einem dezentralen System von Peer-to-Peer-Transaktionen, bei dem jeder Teilnehmer eine Kopie der Transaktionshistorie hat. Es verwendet eine Technologie namens Blockchain, bei der jede Transaktion in einem Block gespeichert wird, der an die vorherigen Blöcke angehängt wird. Dies ermöglicht es, Transaktionen sicher und nachvollziehbar zu machen.

1.3.1.2 Nutzen von Bitcoin

Bitcoin ermöglicht es, Zahlungen sicher und anonym durchzuführen, ohne dass eine zentrale Institution wie eine Bank involviert ist. Es ermöglicht auch die Möglichkeit des Borderless-Transfers, da es keine geographischen Barrieren gibt. Bitcoin ist auch eine Alternative zu traditionellen Währungen und kann als Wertaufbewahrungsmittel verwendet werden.

1.3.2 Ethereum (ETH)

1.3.2.1 Aufbau von Ethereum

Ethereum basiert ebenfalls auf einer Blockchain-Technologie, aber es ermöglicht auch die Entwicklung von dezentralen Anwendungen (dApps) auf seiner Plattform. Es verwendet auch eine eigene Programmiersprache, Solidity, die es Entwicklern ermöglicht, Smart Contracts zu erstellen und auszuführen.

1.3.2.2 Nutzen von Ethereum

Ethereum ermöglicht es, dezentralisierte Anwendungen zu entwickeln und auszuführen, was die Möglichkeiten der Blockchain-Technologie erweitert. Es ermöglicht auch die Verwendung von Smart Contracts, die automatisch ausgeführt werden, wenn bestimmte Bedingungen erfüllt sind.

1.3.3 Litecoin (LTC)

1.3.3.1 Aufbau von Litecoin

Litecoin basiert ebenfalls auf einer Blockchain-Technologie, ähnlich wie Bitcoin. Der wichtigste Unterschied ist, dass Litecoin schnellere Transaktionszeiten und eine größere Obergrenze der Gesamtmenge an Münzen bietet.

1.3.3.2 Nutzen von Litecoin

Litecoin ist eine alternative Kryptowährung zu Bitcoin und bietet schnellere Transaktionszeiten. Es wird oft als "Silber zu Bitcoins Gold" angesehen.

1.3.4 Ripple (XRP)

1.3.4.1 Aufbau von Ripple

Der Aufbau von Ripple basiert auf einer dezentralen, open-source Blockchain-Technologie, die es ermöglicht,

Transaktionen schnell und kosteneffizient durchzuführen. Es nutzt das eigene Protokoll namens XRP Ledger, das es ermöglicht, Transaktionen ohne den Einsatz von Mining durchzuführen. Ripple hat auch ein eigenes Netzwerk für den Austausch von Währungen und ein digitales Wallet-System genannt XRP Wallet.

1.3.5 Solana (SOL)

1.3.5.1 Aufbau von Solana

Solana basiert auf einer proprietären Blockchain-Technologie und ist optimiert für die Durchführung von Transaktionen mit hoher Geschwindigkeit und Skalierbarkeit. Es nutzt auch Technologien wie "Proof of Stake" und "Turbine" um die Transaktionsgeschwindigkeit zu beschleunigen

1.3.5.2 Nutzen von Solana

Solana ist eine schnelle und skalierbare Blockchain-Plattform, die für die Entwicklung und den Einsatz von dezentralen Anwendungen und Finanzdienstleistungen optimiert ist. Es ermöglicht auch den Austausch von Token und anderen Kryptowährungen mit geringen Transaktionskosten.

1.3.6 Cardano (ADA)

1.3.6.1 Aufbau von Cardano

Cardano basiert auf einer Open-Source-Blockchain-Plattform und nutzt die Proof-of-Stake-Consensus-Methode als Mechanismus zur Erreichung der Dezentralität und Sicherheit. Es hat auch eine eigene Programmiersprache, Plutus, die es Entwicklern ermöglicht, Smart Contracts zu erstellen und auf der Cardano-Blockchain auszuführen.

1.3.6.2 Nutzen von Cardano

Cardano ist eine fortschrittliche Blockchain-Plattform, die es ermöglicht, dezentralisierte Anwendungen zu entwickeln und auszuführen. Es bietet auch die Möglichkeit, Smart Contracts zu verwenden und hat eine starken Fokus auf Sicherheit und Nachhaltigkeit.

1.3.7 Binance Coin (BNB)

1.3.7.1 Aufbau von Binance Coin

Binance Coin (BNB) basiert auf der Ethereum-Blockchain und ist die native Kryptowährung der Binance-Börse. Es nutzt die Ethereum-Blockchain als Grundlage für seine Funktionsweise und ist an die Binance-Börse gebunden. Es ist ein ERC-20 Token, was bedeutet, dass es nach den Standards des Ethereum-Blockchains entwickelt wurde und kompatibel mit den meisten Ethereum-Wallets ist.

1.3.7.2 Nutzen von Binance Coin

Binance Coin ermöglicht es Benutzern, Gebühren auf der Binance-Börse zu bezahlen und bietet auch Zugang zu bestimmten Funktionen und Angeboten. Es kann auch als Wertaufbewahrungsmittel verwendet werden und sein Wert hängt
oft von der Performance und dem Nutzerwachstum der Binance-Börse ab.

1.3.8 Dogecoin (DOGE)

1.3.8.1 Aufbau von Dogecoin

Dogecoin basiert ebenfalls auf einer Blockchain-Technologie und wurde ursprünglich als Scherzwährung entwickelt. Es hat jedoch in letzter Zeit an Popularität gewonnen und wird inzwischen von vielen Menschen als eine ernstzunehmende Kryptowährung betrachtet.

1.3.8.2 Nutzen von Dogecoin

Dogecoin wird oft als Zahlungsmittel für kleinere Transaktionen verwendet und hat auch eine große Anhängerschaft in sozialen Medien. Es hat auch eine größere Obergrenze der Gesamtmenge an Münzen als Bitcoin, was es für viele Menschen als eine attraktive Alternative macht.

1.3.9 Altcoins (Alternative Kryptowährungen)

1.3.9.1 Überblick über Altcoins

Altcoins sind alle Kryptowährungen außer Bitcoin. Es gibt Tausende von verschiedenen Altcoins, die auf unterschiedlichen Technologien und Konzepten basieren.

1.3.9.2 Vorteile und Nachteile von Altcoins

Altcoins bieten oft neue und innovative Funktionen, die über die von Bitcoin hinausgehen. Sie können jedoch auch höhere Risiken und Volatilität aufweisen, da sie oft von kleineren und weniger etablierten Unternehmen entwickelt werden und weniger liquid sind. Es ist wichtig, die Risiken sorgfältig zu berücksichtigen, bevor man in Altcoins investiert.

Die Vorteile von Altcoins sind:
- Neue und innovative Funktionen, die über die von Bitcoin hinausgehen
- Mögliche höhere Renditen durch höheres Wachstumspotential und unentdeckte Technologien
- Diversifikation des Portfolios, indem man in verschiedene Kryptowährungen investiert

Die Nachteile von Altcoins sind:

- Höhere Risiken und Volatilität, da sie oft von kleineren und weniger etablierten Unternehmen entwickelt werden und weniger liquid sind
- Geringere Liquidität, was es schwieriger machen kann, Altcoins zu kaufen und zu verkaufen
- Mögliche Regulierungsrisiken, da die Regulierung von Kryptowährungen in vielen Ländern noch unklar ist
- Mögliche Betrugsrisiken, da es viele unseriöse Projekte und Unternehmen gibt, die in der Welt der Kryptowährungen tätig sind.

1.4 Blockchain-Technologie

1.4.1 Was ist Blockchain?

Blockchain ist eine Technologie, die es ermöglicht, Daten in einer dezentralen und sicheren Weise zu speichern und zu übertragen. Es basiert auf einem Netzwerk von Computern (auch als Knoten bezeichnet), die miteinander verbunden sind und gemeinsam eine Datenbank aufrechterhalten. Jeder Block in der Blockchain enthält eine Reihe von Daten, die in einer bestimmten Reihenfolge angeordnet sind. Neue Daten werden in Form von Blöcken an die bestehende Blockchain angehängt, was es unmöglich macht, ältere Daten zu verändern oder zu löschen.

1.4.2 Anwendungen von Blockchain

Blockchain hat viele Anwendungen in verschiedenen Branchen wie Finanzen, Supply Chain Management, E-Commerce und Gaming. Es ermöglicht es, Transaktionen sicher und transparent durchzuführen, ohne dass eine zentrale Institution wie eine Bank involviert ist. Es ermöglicht auch die Entwicklung von dezentralen Anwendungen (dApps) und Smart Contracts.

1.5 Kryptowährungs-Mining

1.5.1 Was ist Kryptowährungs-Mining?

Kryptowährungs-Mining ist der Prozess, bei dem Computer mithilfe von spezialisierten Software und Hardware komplexe mathematische Probleme lösen, um neue Kryptowährungen zu "schürfen" und zu validieren Transaktionen in der Blockchain.

1.5.2 Wie funktioniert Kryptowährungs-Mining?

Beim Mining werden komplexe mathematische Probleme gelöst, die als Proof-of-Work (PoW) bekannt sind. Sobald ein Miner ein Problem gelöst hat, wird die Lösung an das Netzwerk gesendet, wo andere Miner sie überprüfen. Wenn die Lösung korrekt ist, wird ein neuer Block in die Blockchain aufgenommen und der Miner wird mit einer Belohnung in Form von neuen Kryptowährungen belohnt.

1.5.3 Risiken und Chancen von Kryptowährungs-Mining

Das Mining von Kryptowährungen kann eine lukrative Möglichkeit sein, um Geld zu verdienen, aber es birgt auch Risiken. Einige der Risiken sind hohe Stromkosten, die durch die Rechenleistung der Computer verursacht werden, sowie die Möglichkeit von Regulierungsänderungen, die das Mining beeinträchtigen können.
Es gibt auch das Risiko, dass der Wert der geschürften Kryptowährung sinkt, was zu Verlusten führen kann. Es ist wichtig, sorgfältig die Kosten und Risiken abzuwägen, bevor man sich entscheidet, in das Mining von Kryptowährungen zu investieren.

1.6 Anwendungen von Kryptowährungen

1.6.1 Anwendungen in Online-Shops

Kryptowährungen können in Online-Shops als Zahlungsmittel verwendet werden. Dies ermöglicht es Kunden, Waren und Dienstleistungen schnell und einfach mit Kryptowährungen zu bezahlen, ohne auf Banken oder andere Finanzinstitute angewiesen zu sein.

1.6.2 Anwendungen im Gaming-Bereich

Kryptowährungen können auch im Gaming-Bereich verwendet werden, um In-Game-Währungen oder Gegenstände zu kaufen oder zu verkaufen. Dies ermöglicht es Spielern, ihre Fortschritte und Erfolge zu monetarisieren.

1.6.3 Anwendungen in der Finanzbranche

Kryptowährungen haben auch Anwendungen in der Finanzbranche, wie beispielsweise in Form von Krypto-Assets oder in der Abwicklung von Zahlungen. Sie ermöglichen auch die Entwicklung neuer Finanzdienstleistungen, wie zum Beispiel dezentralisierte Finanzierung (DeFi)

1.6.4 Anwendungen in der Supply Chain

Kryptowährungen können auch in der Supply Chain verwendet werden, um die Transparenz und Nachverfolgbarkeit von Waren und Produkten zu verbessern. Sie können auch verwendet werden, um Zahlungen zwischen den beteiligten Parteien automatisch und sicher abzuwickeln.

Kapitel 2: Wallet erstellen und verwalten

2.1 Wallet-Arten

Es gibt zwei Arten von Wallets für Kryptowährungen: Hot Wallets und Cold Wallets.

2.1.1 Hot Wallet

Eine Hot Wallet ist eine Wallet, die online oder auf einem verbundenen Gerät gespeichert ist. Diese Art von Wallet ist bequem zu verwenden, da sie jederzeit und von überall aus zugänglich ist. Allerdings sind Hot Wallets anfälliger für Hackerangriffe und andere Sicherheitsrisiken, da sie immer mit dem Internet verbunden sind.

2.1.2 Cold Wallet

Eine Cold Wallet hingegen, ist eine Wallet die offline auf einem nicht verbundenen Gerät gespeichert ist, wie zum Beispiel einem USB-Stick oder einer Hardware-Wallet. Diese Art von Wallet ist sicherer, da sie nicht mit dem Internet verbunden ist und somit nicht von Hackern angegriffen werden kann. Allerdings ist sie weniger bequem zu verwenden, da sie jedes mal offline gespeichert und wieder online gestellt werden muss.

2.2 Wallet erstellen

Es gibt verschiedene Arten von Wallets, je nach der Kryptowährung die Sie besitzen möchten. Hier sind einige Schritte, um einige der gängigsten Kryptowährungen zu erstellen:

2.2.1 Bitcoin Wallet erstellen

1. Gehen Sie zu einer Bitcoin Wallet-Website wie blockchain.com oder coinbase.com
2. Klicken Sie auf "Registrieren" oder "Erstellen"

3. Geben Sie Ihre E-Mail-Adresse und ein sicheres Passwort ein
4. Bestätigen Sie Ihre E-Mail-Adresse durch Klicken auf den Link, den Sie erhalten haben
5. Ihre Bitcoin Wallet ist nun erstellt und bereit zur Verwendung

2.2.2 Ethereum Wallet erstellen

1. Gehen Sie zu einer Ethereum Wallet-Website wie MyEtherWallet.com
2. Klicken Sie auf "Create a New Wallet"
3. Erstellen Sie ein sicheres Passwort
4. Speichern Sie Ihren privaten Schlüssel sicher und offline
5. Ihre Ethereum Wallet ist nun erstellt und bereit zur Verwendung

2.2.3 Wallet für Solana, Cardano, BNB und Dogecoin erstellen

Der Prozess zur Erstellung einer Wallet für diese Kryptowährungen ist ähnlich wie bei Bitcoin oder Ethereum. Sie müssen lediglich die entsprechende Wallet-Website besuchen und die Anweisungen befolgen.

2.2.4 Wallet für andere Kryptowährungen erstellen

Der Prozess zur Erstellung einer Wallet für andere Kryptowährungen kann variieren und es ist wichtig, die Anweisungen der jeweiligen Wallet-Website sorgfältig zu befolgen. Es kann auch hilfreich sein, die Community und Foren der Kryptowährung zu durchsuchen, um zusätzliche Informationen und Unterstützung zu erhalten.

2.2.5 Cold Wallet erstellen

Eine Cold Wallet ist eine Art von Wallet, die offline gespeichert wird und somit eine zusätzliche Schicht an Sicherheit bietet. Hier ist eine Anleitung, wie Sie eine Cold Wallet erstellen können:

1. Wählen Sie eine Wallet-Software, die Cold Wallet-Unterstützung bietet. Einige Beispiele sind MyEtherWallet, Exodus und Electrum.
2. Herunterladen und installieren Sie die Wallet-Software auf einem nicht verbundenen Gerät, wie z.B. einem Laptop oder einem USB-Stick, der nicht mit dem Internet verbunden ist.
3. Erstellen Sie ein starkes Passwort für Ihre Wallet. Verwenden Sie eine Kombination aus Groß- und Kleinbuchstaben, Zahlen und Sonderzeichen, um sicherzustellen, dass Ihre Wallet sicher ist.
4. Folgen Sie den Anweisungen der Wallet-Software, um Ihre Cold Wallet zu erstellen. Dies kann unterschiedlich sein, je nach der verwendeten Wallet-Software.
5. Speichern Sie Ihren privaten Schlüssel sicher offline. Sie können dies auf einen USB-Stick oder ein Papier-Wallet ausdrucken.
6. Ihre Cold Wallet ist nun erstellt und bereit zur Verwendung.

Es ist wichtig zu beachten, dass es bei der Verwendung einer Cold Wallet wichtig ist, das Passwort und den privaten Schlüssel sicher aufzubewahren und das Gerät sorgfältig vor Verlust oder Diebstahl zu schützen. Es ist auch wichtig, regelmäßig Backups Ihres privaten Schlüssels zu machen, um sicherzustellen, dass Sie im Falle eines Verlusts oder eines Angriffs auf Ihre Wallet in der Lage sind, Ihre Kryptowährungen wiederherzustellen.

2.3 Wallet sichern und wiederherstellen

Es ist wichtig, Ihre Wallet regelmäßig zu sichern, um sicherzustellen, dass Sie im Falle eines Verlustes oder eines Angriffs auf Ihre Wallet in der Lage sind, Ihre

Kryptowährungen wiederherzustellen. Hier sind einige Schritte, um Ihre Wallet zu sichern und wiederherzustellen:

2.3.1 Sicherung mittels privaten Schlüssels

Ein privater Schlüssel ist ein sicherer Code, der nur Ihnen Zugang zu Ihrer Wallet gewährt. Um Ihre Wallet zu sichern, sollten Sie Ihren privaten Schlüssel sicher offline aufbewahren, z.B. auf einem USB-Stick oder einer Papier-Wallet. Um Ihre Wallet wiederherzustellen, müssen Sie lediglich Ihren privaten Schlüssel in die entsprechende Wallet-Website eingeben.

2.3.2 Wiederherstellung verlorener Wallet

Wenn Sie Ihre Wallet verloren haben oder Ihr privater Schlüssel nicht mehr zugänglich ist, gibt es möglicherweise noch andere Möglichkeiten, Ihre Wallet wiederherzustellen, je nach der Art der Wallet und der Kryptowährung. Es kann hilfreich sein, die Hilfe des Kundenservice der Wallet-Website oder die Unterstützung der Kryptowährungs-Community in Anspruch zu nehmen.

2.4 Sicherheit von Kryptowährungen

Kryptowährungen sind eine neue und sich entwickelnde Technologie, die auch einige Risiken und Bedrohungen mit sich bringt. Hier sind einige Tipps zur Sicherung von Kryptowährungen:

2.4.1 Risiken und Bedrohungen für Kryptowährungen

> Hackerangriffe: Kryptowährungen sind ein beliebtes Ziel für Hacker, da sie eine hohe Wertsteigerung aufweisen können.

Phishing: Betrüger versuchen oft, Ihre persönlichen Informationen zu stehlen, indem sie sich als vertrauenswürdige Wallet-Websites oder Kryptowährung-Exchanges ausgeben. Es ist wichtig, nur auf vertrauenswürdigen Websites und Exchanges zu handeln und aufmerksam auf verdächtige E-Mails oder Nachrichten zu sein.
Verlust des privaten Schlüssels: Wenn Sie Ihren privaten Schlüssel verlieren, haben Sie möglicherweise keinen Zugang mehr zu Ihren Kryptowährungen. Es ist daher wichtig, Ihren privaten Schlüssel sicher und gut geschützt aufzubewahren.
Insolvenz von Kryptowährungsunternehmen: Wenn ein Kryptowährungsunternehmen Insolvenz anmeldet, kann dies dazu führen, dass Sie Ihre Kryptowährungen verlieren. Es ist daher wichtig, sich über die Finanzlage von Kryptowährungsunternehmen zu informieren, bevor Sie investieren.

2.4.2 Tipps zur Sicherung von Kryptowährungen

- Verwenden Sie eine Hardware-Wallet: Diese Art von Wallet ist offline gespeichert und bietet eine zusätzliche Schicht an Sicherheit.
- Verwenden Sie starke Passwörter und aktivieren Sie die Zwei-Faktor-Authentifizierung: Dies hilft dabei, unautorisierte Zugriffe auf Ihre Wallet zu verhindern.
- Machen Sie regelmäßig Backups Ihres privaten Schlüssels: Stellen Sie sicher, dass Sie im Falle eines Verlusts oder eines Angriffs auf Ihre Wallet in der Lage sind, Ihre Kryptowährungen wiederherzustellen.
- Seien Sie vorsichtig beim Handel mit Kryptowährungen und beim Investieren in Kryptowährungsunternehmen: Informieren Sie sich gründlich über die Finanzlage und die

Sicherheitsmaßnahmen von Unternehmen, bevor Sie investieren.

Kapitel 3: Kauf und Verkauf von Kryptowährungen

3.1 Kryptowährungen kaufen

Es gibt verschiedene Möglichkeiten, Kryptowährungen zu kaufen. Hier sind einige der häufigsten Methoden:

3.1.1 Kryptowährungen an Krypto-Börsen kaufen

Eine Krypto-Börse ist ein Online-Marktplatz, auf dem Sie Kryptowährungen gegen fiat-Währungen (wie US-Dollar oder Euro) oder andere Kryptowährungen kaufen und verkaufen können. Es gibt viele verschiedene Krypto-Börsen, die unterschiedliche Kryptowährungen unterstützen und unterschiedliche Gebühren und Anforderungen haben. Bevor Sie anfangen, Kryptowährungen an einer Krypto-Börse zu kaufen, sollten Sie sich gründlich über die Börse informieren und sicherstellen, dass sie seriös und reguliert ist. Beispiel: Ein Anleger kauft an der Börse Binance Bitcoin, als der Preis bei 20.000 $ liegt.

3.1.2 Kryptowährungen direkt von privaten Verkäufern kaufen

Eine weitere Möglichkeit, Kryptowährungen zu kaufen, ist, sie direkt von privaten Verkäufern zu kaufen. Dies kann über Online-Marktplätze wie LocalBitcoins oder über Kryptowährungs-Meetups in Ihrer Umgebung geschehen. Wenn Sie Kryptowährungen direkt von privaten Verkäufern kaufen, sollten Sie vorsichtig sein und sicherstellen, dass der Verkäufer seriös ist, bevor Sie eine Zahlung tätigen. Beispiel: Ein Anleger kauft von einem privaten Verkäufer Ethereum direkt, als der Preis bei 1000 $ liegt.

3.2 Kryptowährungen verkaufen

Es gibt auch verschiedene Möglichkeiten, Kryptowährungen zu verkaufen. Hier sind einige der häufigsten Methoden:

3.2.1 Kryptowährungen an Krypto-Börsen verkaufen

Sie können Kryptowährungen, die Sie besitzen, an einer Krypto-Börse zum aktuellen Marktpreis verkaufen. Der Prozess ist ähnlich wie beim Kauf von Kryptowährungen, aber Sie tätigen einen Verkaufsauftrag anstatt einen Kaufauftrag. Beispiel: Ein Anleger verkauft an der Börse Binance Bitcoin, als der Preis bei 25.000 $ liegt.

3.2.2 Kryptowährungen direkt an private Käufer verkaufen

Sie können auch Kryptowährungen direkt an private Käufer verkaufen, entweder online oder persönlich. Dies kann über Online-Marktplätze wie LocalBitcoins oder über Kryptowährungs-Meetups in Ihrer Umgebung geschehen. Beispiel: Ein Anleger verkauft direkt an einen privaten Käufer Ethereum, als der Preis bei 900 $ liegt.

3.3 Tausch von Kryptowährungen

Eine weitere Möglichkeit, Kryptowährungen zu kaufen oder zu verkaufen, ist der Tausch von Kryptowährungen. Hier sind einige der häufigsten Methoden:

3.3.1 Tausch von Kryptowährungen an Krypto-Börsen

Einige Krypto-Börsen bieten auch die Möglichkeit, Kryptowährungen gegeneinander zu tauschen, anstatt sie gegen Fiat-Währungen oder andere

Kryptowährungen zu kaufen oder zu verkaufen. Dies ist eine gute Option, wenn Sie Kryptowährungen besitzen, die an einer bestimmten Börse nicht direkt gegen Fiat-Währungen gehandelt werden können. Beispiel: Ein Anleger tauscht an der Börse Binance Bitcoin gegen Ethereum, als der Preis von Bitcoin bei 25.000 $ und der Preis von Ethereum bei 1.200 $ liegt.

3.3.2 Tausch von Kryptowährungen direkt mit anderen Nutzern

Sie können auch Kryptowährungen direkt mit anderen Nutzern tauschen, entweder online oder persönlich. Dies kann über Online-Marktplätze wie Localbitcoins oder über Kryptowährungs-Meetups in Ihrer Umgebung geschehen. Beispiel: Ein Anleger tauscht direkt mit einem anderen Nutzer Bitcoin gegen Litecoin, als der Preis von Bitcoin bei 27.000 $ und der Preis von Litecoin bei 300 $ liegt.

3.4 Kryptowährungs-Marktanalyse

Bevor Sie Kryptowährungen kaufen, verkaufen oder tauschen, ist es wichtig, die Kryptowährungs-Marktanalyse durchzuführen, um zu bestimmen, ob es sich um eine gute Investition handelt. Hier sind einige der häufigsten Methoden der Kryptowährungs-Marktanalyse:

3.4.1 Technische Analyse

Die technische Analyse beinhaltet das Betrachten von Diagrammen und anderen historischen Daten, um Trends und Muster im Preisverhalten von Kryptowährungen zu erkennen. Beispiel: Ein Anleger betrachtet das Diagramm von Bitcoin und bemerkt, dass der Preis in den letzten Monaten eine Aufwärtsdynamik hat und beschließt deshalb, Bitcoin zu kaufen, da er glaubt, dass der Preis weiter steigen wird. Ein anderes Beispiel wäre, dass ein Anleger das Diagramm von Ethereum betrachtet und bemerkt, dass der Preis in den letzten Monaten eine Abwärtsdynamik hat und deshalb beschließt, Ethereum zu verkaufen, da er glaubt, dass der Preis weiter sinken wird.

3.4.2 Fundamentale Analyse

Die fundamentale Analyse beinhaltet das Untersuchen der wirtschaftlichen und finanziellen Faktoren, die den Wert einer Kryptowährung beeinflussen können. Beispiel: Ein Anleger untersucht die Unternehmensfinanzen von Ripple und stellt fest, dass das Unternehmen in letzter Zeit viele Partnerschaften mit großen Banken eingegangen ist und deshalb beschließt er, in Ripple zu investieren, da er glaubt, dass dies die Nachfrage nach der Kryptowährung erhöhen wird. Ein anderes Beispiel wäre, dass ein Anleger die Branchenentwicklung von Bitcoin untersucht und feststellt, dass immer mehr Länder und Unternehmen Kryptowährungen regulieren oder verbieten, und deshalb beschließt er, seine Bitcoin zu verkaufen, da er glaubt, dass dies die Nachfrage nach Bitcoin beeinträchtigen wird.

3.4.3 Verwendung von Indikatoren

Es gibt viele Indikatoren, die verwendet werden können, um die Kryptowährungs-Marktanalyse durchzuführen. Beispiel: Ein Anleger verwendet den RSI (Relative Strength Index) Indikator und stellt fest, dass dieser Indikator für Bitcoin "überkauft" anzeigt, was bedeutet, dass der Preis möglicherweise bald sinken wird. Er beschließt deshalb, seine Bitcoin zu verkaufen. Ein anderes Beispiel wäre, dass ein Anleger den MACD (Moving Average Convergence Divergence) Indikator verwendet und feststellt, dass dieser Indikator für Ethereum "unterverkauft" anzeigt, was bedeutet, dass der Preis möglicherweise bald steigen wird. Er beschließt deshalb, Ethereum zu kaufen.

Ein Beispiel für einen weiteren Indikator, der in der Kryptowährungs-Marktanalyse verwendet werden kann, ist der Fibonacci-Retracement-Indikator. Dieser Indikator verwendet Fibonacci-Zahlen, um mögliche Unterstützungs- und Widerstandsniveaus im Preisverhalten von Kryptowährungen zu identifizieren. Beispiel: Ein Anleger verwendet den Fibonacci-Retracement-Indikator für Bitcoin und stellt fest, dass der aktuelle Preis in der Nähe eines wichtigen Widerstandsniveaus liegt, das sich bei 30.000 $ befindet. Er beschließt deshalb, seine Bitcoin zu verkaufen, da er glaubt, dass der Preis Schwierigkeiten haben wird, dieses Niveau zu durchbrechen.

Ein weiteres Beispiel für einen Indikator, der in der Kryptowährungs-Marktanalyse verwendet werden kann, ist der Bollinger Bands Indikator. Dieser Indikator verwendet einen gleitenden Durchschnitt und Standardabweichungen, um einen "Band" um den Preis zu erstellen und kann verwendet werden, um zu identifizieren, ob ein Kryptowährung Preis überkauft oder unterverkauft ist. Beispiel: Ein Anleger verwendet den Bollinger Bands Indikator für Ethereum und stellt fest, dass der aktuelle Preis weit außerhalb des oberen Bandes liegt, was als Signal für "überkauft" interpretiert werden kann. Er beschließt deshalb, einen Teil seiner Ethereum Position zu verkaufen, in Erwartung einer Preiskorrektur.

Es ist wichtig zu beachten, dass die Kryptowährungs-Marktanalyse subjektiv ist und dass es keine Garantie dafür gibt, dass eine bestimmte Methode immer richtig ist. Es ist wichtig, mehrere verschiedene Analysen durchzuführen und verschiedene Perspektiven zu berücksichtigen, bevor man eine Entscheidung trifft.

Kapitel 4: Transaktionen und Bestätigungen

4.1 Was sind Transaktionen?

Eine Transaktion ist ein Austausch von Kryptowährungen zwischen verschiedenen Adressen. Jede Transaktion wird in einem öffentlichen Ledger, dem sogenannten Blockchain, aufgezeichnet und bestätigt.

4.1.1 Überblick über Transaktionen in Kryptowährungen

In Kryptowährungen gibt es zwei Arten von Adressen: öffentliche und private Adressen. Eine öffentliche Adresse ist die Adresse, die Sie an andere Personen geben, wenn Sie Kryptowährungen empfangen möchten. Eine private Adresse ist die Adresse, die Sie verwenden, um Kryptowährungen zu versenden.

4.1.2 Beispiele für Transaktionen

Transaktionen in Kryptowährungen können für viele Zwecke verwendet werden, wie zum Beispiel den Kauf von Waren oder Dienstleistungen, den Austausch von Kryptowährungen gegen andere Kryptowährungen oder Fiat-Währungen, oder auch das Senden von Geld an Freunde oder Familienmitglieder.

4.2 Bestätigung von Transaktionen

4.2.1 Was sind Bestätigungen?

Eine Bestätigung ist ein Prozess, bei dem die Gültigkeit einer Transaktion überprüft wird. Dies geschieht, indem die Transaktion an andere Computer im Netzwerk weitergeleitet wird, die die Gültigkeit der Transaktion überprüfen und bestätigen.

4.2.2 Wie werden Transaktionen bestätigt?

Transaktionen werden in der Regel von sogenannten "Minern" bestätigt, die ihre Computerressourcen zur Verfügung stellen, um die Gültigkeit von Transaktionen zu überprüfen und zu bestätigen. Dies geschieht durch das Lösen von komplexen mathematischen Problemen, die als "Proof-of-Work" bezeichnet werden. Sobald ein Miner eine Transaktion bestätigt hat, wird sie in die Blockchain aufgenommen und ist für alle sichtbar.

4.3 Gebühren für Transaktionen

4.3.1 Überblick über Gebührenstrukturen

Jede Transaktion in einer Kryptowährung erfordert eine Gebühr, die an die Miner gezahlt wird, die die Transaktion bestätigen. Diese Gebühren dienen dazu, die Kosten der Bestätigung der Transaktion zu decken und die Miner dafür zu entlohnen, dass sie ihre Computerressourcen zur Verfügung stellen.

4.3.2 Wie werden Gebühren berechnet?

Die Höhe der Gebühren, die für eine Kryptowährungstransaktion anfallen, variiert je nach Kryptowährung und kann auf verschiedene Weise berechnet werden.
Bitcoin berechnet beispielsweise Gebühren auf Basis der Anzahl der zu übertragenden Bytes. Ein Byte ist eine Einheit der Datenmenge und entspricht einem Zeichen, das in einem Computer gespeichert wird. Eine höhere Anzahl von Bytes in einer Transaktion bedeutet mehr

Speicherplatz im Bitcoin-Netzwerk und damit höhere Gebühren.

Ethereum berechnet Gebühren auf Basis der Anzahl der benötigten "Gas-Einheiten". Gas ist eine interne Währung von Ethereum, die für die Durchführung von Transaktionen und Smart-Contracts verwendet wird. Je mehr Rechenleistung für eine Transaktion benötigt wird, desto mehr Gas wird verwendet und desto höher sind die Gebühren.

Binance Coin berechnet Gebühren auf Basis der Anzahl der zu übertragenden Coins. Das bedeutet, je mehr Binance Coin man versendet desto höher ist die Gebühr.

Solana berechnet Gebühren auf Basis der Anzahl der zu übertragenden Bytes und der Anzahl der benötigten "Sol-Einheiten". Sol ist die interne Währung von Solana und wird verwendet, um die Durchführung von Transaktionen und Smart-Contracts im Solana-Netzwerk zu bezahlen. Je mehr Daten und Rechenleistung für eine Transaktion benötigt werden, desto mehr Sol wird verwendet und desto höher sind die Gebühren.

Es ist wichtig zu beachten, dass die Höhe der Gebühren auch von der aktuellen Netzwerk-Nachfrage beeinflusst wird und sich daher je nach Marktlage ändern kann. Hohe Gebühren garantieren in der Regel schnellere Bestätigungen, während niedrigere Gebühren längere Wartezeiten bedeuten können. Es ist empfehlenswert, die aktuellen Gebührenraten im Auge zu behalten, bevor man eine Transaktion durchführt.

Kapitel 5: Sicherheit und Risiken

5.1 Sicherheitsmaßnahmen

5.1.1 Wallet-Sicherheit

Eine wichtige Sicherheitsmaßnahme beim Umgang mit Kryptowährungen ist die sichere Aufbewahrung der Coins in einer Wallet. Dies kann entweder in Form einer Hot Wallet, die online auf einem Computer oder einem Smartphone gespeichert wird, oder in Form einer Cold Wallet, die offline auf einem Hardware-Gerät wie einem Ledger Nano gespeichert wird. Es ist wichtig, starke Passwörter zu verwenden und regelmäßig Backups der Wallet-Daten anzufertigen.

5.1.2 Sicherheit bei Krypto-Börsen

Eine weitere wichtige Sicherheitsmaßnahme ist die Wahl einer seriösen und regulierten Krypto-Börse. Es ist wichtig, dass die Börse über eine sichere SSL-Verschlüsselung verfügt und dass die Daten der Nutzer sicher gespeichert werden. Es ist auch ratsam, die Zwei-Faktor-Authentifizierung zu aktivieren, um das Risiko von Hackerangriffen zu minimieren.

5.1.3 Sicherheit beim Mining

Beim Mining von Kryptowährungen ist es wichtig, sicherzustellen, dass die Mining-Software auf dem aktuellen Stand ist und dass die Mining-Hardware ordnungsgemäß gesichert ist. Ein Risiko besteht darin, dass Hacker versuchen könnten, auf die Hardware oder die Software zuzugreifen und diese zu manipulieren oder zu nutzen, um Kryptowährungen zu stehlen. Es ist daher wichtig, regelmäßig Sicherheits-Updates durchzuführen und die Zugangsdaten für die Hardware und die Software sicher aufzubewahren. Es ist auch wichtig, die Mining-Pool-Verbindungen zu überwachen und sicherzustellen, dass sie vertrauenswürdig sind, um das Risiko von Angriffen durch Hacker zu minimieren, die

versuchen, über die Mining-Pools auf die Kryptowährungen zuzugreifen.
Ein bekanntes Beispiel hierfür ist ein Angriff auf das NiceHash Mining-Pool im Dezember 2017, bei dem 4.700 Bitcoin gestohlen wurden.

5.2 Risiken beim Handel mit Kryptowährungen

5.2.1 Preisvolatilität

Ein Risiko beim Handel mit Kryptowährungen ist die Preisvolatilität. Kryptowährungen weisen in der Regel eine höhere Volatilität auf als traditionelle Währungen oder Anlageformen. Dies bedeutet, dass die Preise stark schwanken und schnell Änderungen unterliegen können. Dies kann sowohl zu schnellen Gewinnen als auch zu schnellen Verlusten führen. Es ist wichtig, sich über die aktuelle Marktsituation im Klaren zu sein und das Risiko durch Diversifikation zu minimieren.

5.2.2 Hackerangriffe

Ein weiteres Risiko beim Handel mit Kryptowährungen sind Hackerangriffe. Dies kann sowohl auf die Wallet als auch auf Krypto-Börsen oder Mining-Pool-Verbindungen abzielen. Es ist wichtig, die Sicherheitsmaßnahmen wie die Verwendung von starken Passwörtern und die Aktivierung der Zwei-Faktor-Authentifizierung zu beachten, um das Risiko von Hackerangriffen zu minimieren.

5.2.3 Betrug

Ein weiteres Risiko beim Handel mit Kryptowährungen ist der Betrug. Es gibt viele Betrugsversuche, wie z.B. Ponzi-Schemen oder Krypto-Scams, bei denen Nutzer dazu verleitet werden, ihr Geld in unseriöse

Investitionsmöglichkeiten zu stecken. Es ist wichtig, sorgfältig die Seriosität von Investitionsmöglichkeiten zu prüfen und sich über die Risiken im Klaren zu sein.

5.3 Schutz vor Betrug

5.3.1 Phishing

Eine Methode, um sich vor Betrug zu schützen, ist das Erkennen von Phishing-Versuchen. Dies sind betrügerische E-Mails oder Websites, die so gestaltet sind, dass sie wie seriöse Unternehmen oder Dienste aussehen, um an vertrauliche Informationen zu gelangen. Es ist wichtig, aufmerksam zu sein und niemals persönliche Informationen oder Passwörter an unbekannte Quellen weiterzugeben.

5.3.2 Ponzi-Schemen

Ein weiterer Weg, um sich vor Betrug zu schützen, ist das Aufdecken von Ponzi-Schemen. Dies sind betrügerische Investment-Programme, bei denen frühere Anleger durch die Investitionen neuer Anleger bezahlt werden, anstatt durch tatsächliche Gewinne aus dem Geschäft. Es ist wichtig, sich über die genauen Details einer Investitionsmöglichkeit zu informieren und sicherzustellen, dass es sich um ein legitimen Geschäft handelt.

5.3.3 Krypto-Scams

Ein weiteres Risiko sind Krypto-Scams, bei denen Betrüger versuchen, durch falsche Versprechungen, falsche Teammitglieder oder falsche Partnerschaften das Vertrauen der Nutzer zu gewinnen und dann ihr Geld zu stehlen. Es ist wichtig, sicherzustellen, dass man sich mit einem seriösen Projekt befasst und überprüft, ob die angegebenen Teammitglieder und Partnerschaften tatsächlich existieren und verifiziert werden können.

Kapitel 6: Steuerliche Aspekte

6.1 Steuerliche Regelungen

6.1.1 Steuerliche Behandlung von Kryptowährungen in verschiedenen Ländern

Die steuerliche Behandlung von Kryptowährungen variiert weltweit. In einigen Ländern sind Kryptogewinne steuerfrei, während sie in anderen Ländern besteuert werden. Beispiele für Länder, in denen Kryptogewinne steuerfrei sind, sind die Niederlande und Belgien. Andererseits haben Länder wie die USA und Südkorea einige der höchsten Steuersätze für Kryptogewinne. Es ist wichtig, die steuerlichen Regelungen in dem Land zu kennen, in dem man handelt, um sicherzustellen, dass man seine Steuerpflichten erfüllt.

6.1.2 Berichtung von Kryptowährungstransaktionen

In Deutschland, Österreich und der Schweiz sind Kryptowährungstransaktionen steuerpflichtig und müssen daher in der Steuererklärung angegeben werden. Dies gilt sowohl für den Kauf und Verkauf von Kryptowährungen als auch für Mining-Gewinne und Gewinne aus dem Handel mit Kryptowährungen.
In Deutschland müssen Krypto-Transaktionen ab einem Wert von 600 Euro pro Jahr und Person gemeldet werden. In Österreich müssen Krypto-Transaktionen ab einem Wert von 30.000 Euro pro Jahr und Person gemeldet werden. In der Schweiz gibt es keine festgelegte Grenze bei der Meldepflicht von Krypto-Transaktionen, jedoch müssen alle Krypto-Transaktionen in der Steuererklärung angegeben werden.

Es ist wichtig, alle Transaktionen genau aufzuzeichnen und aufzubewahren, um im Falle einer Steuerprüfung belegen zu können, dass alle Angaben korrekt sind.

6.2 Versteuerung von Gewinnen

In Deutschland müssen Gewinne aus dem Verkauf von Kryptowährungen als Kapitalerträge versteuert werden. Es gibt jedoch bestimmte Ausnahmen und Freibeträge, die dazu führen können, dass einige Kryptogewinne nicht besteuert werden müssen. Es ist jedoch wichtig, sich über die aktuellen Steuergesetze und -vorschriften in Bezug auf Kryptowährungen in Deutschland zu informieren und sich gegebenenfalls an einen Steuerexperten zu wenden. Es ist auch wichtig zu beachten, dass Gewinne auch den Solidaritätszuschlag und eventuell Kirchensteuer unterliegen können.

6.3 Meldepflichten

In Bezug auf Meldepflichten für Kryptowährungstransaktionen, ist es wichtig, diese ordnungsgemäß zu melden und die dazugehörigen Steuern auf Gewinne abzuführen, um steuerliche Probleme zu vermeiden. Es ist wichtig, die Details aller Kryptowährungstransaktionen aufzubewahren, um sie bei Bedarf vorweisen zu können. Auf Kryptowährungsbörsen können die Transaktionsdetails im Transaktionsverlauf eingesehen und heruntergeladen werden. In Deutschland sind Steuerpflichtige verpflichtet, ihre Kryptowährungstransaktionen in ihrer Steuererklärung anzugeben. Ähnliche Meldepflichten gibt es auch in anderen Ländern, es ist daher wichtig sich über die lokalen Steuergesetze im Klaren zu sein und professionelle Hilfe in Anspruch zu nehmen, um die Erfüllung der Steuerpflichten sicherzustellen.

Kapitel 7: Kryptowährungs-Netzwerke und Nodes

7.1 Was ist ein Kryptowährungs-Netzwerk?

Ein Kryptowährungs-Netzwerk ist die technische Infrastruktur, die es ermöglicht, dass Kryptowährungen transferiert und verarbeitet werden können. Es besteht aus einer Vielzahl von Knoten (Nodes), die miteinander verbunden sind und gemeinsam das Netzwerk betreiben. Jeder Knoten hält eine Kopie der Blockchain, einer öffentlichen und unveränderlichen Aufzeichnung aller Kryptowährungstransaktionen.

7.2 Was ist eine Node?

Eine Node ist ein Computer oder Gerät, das an ein Kryptowährungs-Netzwerk angeschlossen ist und daran teilnimmt. Es hält eine Kopie der Blockchain und hilft dabei, Transaktionen zu verarbeiten und zu überprüfen. Es gibt verschiedene Arten von Nodes, die unterschiedliche Funktionen und Anforderungen haben.

7.3 Arten von Nodes

7.3.1 Full Node

Dies ist ein Knoten, der eine vollständige Kopie der Blockchain hält und alle Transaktionen überprüft. Es ist die sicherste und verlässlichste Art von Knoten, aber es erfordert auch die meiste Speicherkapazität und Rechenleistung.

7.3.2 Lightweight Node

Dies ist ein Knoten, der nicht die gesamte Blockchain speichert, sondern nur eine reduzierte Version davon. Es ist einfacher zu betreiben und benötigt weniger Ressourcen als ein Full Node, aber es ist auch anfälliger für Angriffe und Fehler.

7.3.3 Mining Node

Dies ist ein Knoten, der an das Mining von Kryptowährungen beteiligt ist und dafür verantwortlich ist, neue Blöcke zu erstellen und in die Blockchain aufzunehmen. Es erfordert spezielle Hardware und Software, um erfolgreich zu sein.

7.4 Wie man eine eigene Node betreibt

Um eine eigene Node einzurichten, muss man zunächst die notwendige Hardware und Software beschaffen. Dazu gehört in der Regel ein Computer oder Server mit ausreichender Leistung und Speicherkapazität, sowie das entsprechende Betriebssystem und die Software für die jeweilige Kryptowährung.
Nachdem die Hardware und Software bereitstehen, muss man die Node mit dem Kryptowährungs-Netzwerk verbinden. Dazu muss man in der Regel die entsprechenden Einstellungen in der Software vornehmen und eventuell eine Verbindung zu anderen Nodes aufbauen.
Es ist auch wichtig, die Node regelmäßig zu überwachen und zu warten, um sicherzustellen, dass sie ordnungsgemäß funktioniert und mit dem Netzwerk synchronisiert bleibt.
Ein Beispiel für die Einrichtung einer Bitcoin-Node: Um eine Bitcoin-Node einzurichten, benötigt man einen Computer oder Server mit mindestens 200 GB Speicherplatz, da die Blockchain von Bitcoin sehr groß ist. Man muss dann die Bitcoin Core-Software herunterladen und installieren und die entsprechenden

Einstellungen vornehmen, um eine Verbindung zum Bitcoin-Netzwerk herzustellen.

Es ist zu beachten, dass das Betreiben einer eigenen Node nicht unbedingt für jedermann geeignet ist und es auch kosten- und zeitaufwendig sein kann. Es gibt jedoch auch Möglichkeiten, eine Node bei einem Drittanbieter zu betreiben oder Teil eines Mining-Pools zu werden, um die Belastung zu reduzieren.

Im Gegensatz zum betreiben einer eigenen Node beschäftigt sich Mining mit dem Schürfen von Kryptowährungen, also dem Lösen von komplexen Mathematischen Problemen, die zur Erstellung neuer Blöcke in einer Blockchain führen und damit neue Kryptowährungen schaffen. Beim Betreiben einer eigenen Node hingegen geht es darum, das Netzwerk aktiv zu unterstützen, indem man eine Kopie der Blockchain auf dem eigenen Computer speichert und Transaktionen bestätigt.

Es ist möglich, dass man für das Betreiben einer eigenen Node auf bestimmten Kryptowährungs-Netzwerken Vergütungen erhält, jedoch ist dies nicht bei allen Kryptowährungen der Fall. Im Gegensatz zum Mining, bei dem man durch die Bereitstellung von Rechenleistung und die Lösung von komplexen Mathematischen Problemen Blockbelohnungen erhält, erhält man für das Betreiben einer Node in der Regel keine Blockbelohnungen, sondern wird stattdessen durch Gebühren, die von Transaktionen im Netzwerk erhoben werden, vergütet. Es ist jedoch wichtig zu beachten, dass die Vergütung für das Betreiben einer Node in der Regel geringer ist als die Vergütung, die man durch Mining erhält.

Der Anreiz, im Bitcoin-Netzwerk eine eigene Node zu betreiben, ist in erster Linie die Unterstützung des Netzwerks und die Möglichkeit, die Integrität der Blockchain zu überwachen. Durch das Betreiben einer eigenen Node trägt man dazu bei, das Netzwerk zu stärken und die Dezentralisierung zu erhöhen. Es gibt keine direkte Vergütung für das Betreiben einer Node im Bitcoin-Netzwerk, aber es kann indirekte Vorteile geben, wie z.B. die Möglichkeit, Transaktionen schneller zu verarbeiten und die Kontrolle über die eigene Wallet zu haben.

Dies bedeutet, dass man die Transaktionen selbst bestätigen und überwachen kann, anstatt diese Aufgabe einer dritten Partei zu überlassen. Ein Beispiel wäre, dass Sie eine eigene Bitcoin-Node betreiben und Ihre Bitcoin-Transaktionen direkt über diese Node bestätigen und überwachen, anstatt eine Drittpartei wie eine Börse oder eine Wallet-App zu verwenden. Auf diese Weise haben Sie mehr Kontrolle und Transparenz über Ihre Kryptowährungstransaktionen.

(Wenn alle Node-Betreiber auf einmal aufhören, ihre Knoten im Bitcoin-Netzwerk zu betreiben, kann dies zu einer Verlangsamung oder Unterbrechung des Netzwerks führen. Ein Netzwerk, das auf weniger Knoten angewiesen ist, ist anfälliger für Angriffe und kann weniger stabil sein. Es kann auch dazu führen, dass Transaktionen länger brauchen, um bestätigt zu werden und dass neue Blöcke langsamer erstellt werden. Es ist wichtig, dass ausreichend Knoten im Netzwerk vorhanden sind, um eine ausreichende Dezentralisierung und Sicherheit zu gewährleisten.)

Kapitel 8: Advanced Trading Techniques

8.1 Arbitrage

Arbitrage ist eine Handelsstrategie, bei der Anleger von Preisunterschieden zwischen verschiedenen

Kryptowährungsbörsen oder Handelsplattformen profitieren. Dabei werden Kryptowährungen auf einer Börse zu einem niedrigeren Preis gekauft und gleichzeitig auf einer anderen Börse zu einem höheren Preis verkauft. Der Gewinn ergibt sich aus dem Unterschied zwischen den beiden Preisen.

Beispiel: Ein Anleger kauft eine Kryptowährung zu einem Preis von 10.000 USD auf Börse A und verkauft sie zu einem Preis von 11.000 USD auf Börse B. Der Gewinn beträgt in diesem Fall 1000 USD.

Vorteile:
- Hohes Profitpotential
- Keine Notwendigkeit von langfristigen Investitionen
- Keine Abhängigkeit von Marktentwicklungen

Nachteile:
- Hohe Volatilität
- Hohes Risiko
- Hoher Zeitaufwand für die Suche nach Arbitrage-Gelegenheiten

8.2 Margin Trading

Margin Trading bezieht sich auf das Handeln mit gehebeltem Kapital. Anleger können hierbei auf Kryptowährungen mit einem Bruchteil des eingesetzten Kapitals spekulieren. Dies ermöglicht es, mit einem geringeren Kapitaleinsatz größere Positionen zu eröffnen und somit höhere Gewinne zu erzielen.

Beispiel: Ein Anleger hat ein Kapital von 1.000 USD und möchte auf die Kursentwicklung von Bitcoin setzen. Mit einem Hebel von 1:10 kann er eine Position in Höhe von 10.000 USD eröffnen. Sollte der Kurs von Bitcoin um 10% steigen, würde der Gewinn 1.000 USD betragen (10% von 10.000 USD).

Vorteile:

- Hohes Profitpotential
- Geringerer Kapitaleinsatz erforderlich
- Möglichkeit, größere Positionen zu eröffnen

Nachteile:
- Hohes Risiko
- Hohe Volatilität
- Mögliche Nachschusspflicht

8.3 Algorithmic Trading

Algorithmic Trading bezieht sich auf den Einsatz von computergestützten Handelsstrategien, um automatisch Trades auszuführen. Diese Handelsstrategien beruhen auf Mathematischen Modellen und statistischen Analysen, die es ermöglichen, Marktentwicklungen vorherzusagen und schnell auf Veränderungen zu reagieren.

Beispiel: Ein Anleger erstellt einen Algorithmus, der den Kauf von Bitcoin ausführt, wenn der Kurs unter einen bestimmten Preis fällt und den Verkauf ausführt, wenn der Kurs über einen bestimmten Preis steigt. Der Algorithmus nutzt dabei historische Kursdaten und Marktanalysen, um die Wahrscheinlichkeit von Kursveränderungen vorherzusagen.

Vorteile:
- Automatisierung des Handelsprozesses
- Möglichkeit, schnell auf Marktveränderungen zu reagieren
- Möglichkeit, mehrere Handelsstrategien gleichzeitig auszuführen
- Potentiell höhere Gewinnrate

Nachteile:
- Hoher Zeit- und Ressourcenaufwand für die Entwicklung und Pflege der Algorithmen
- Hohes Risiko bei Fehlfunktionen oder Fehleinschätzungen

- Abhängigkeit von der Qualität der verwendeten Daten und Algorithmen

Es ist zu beachten, dass diese Handelsstrategien erfahrene und gut informierte Trader ansprechen und für Anfänger nicht empfohlen werden. Auch sollten die Risiken gut abgewogen werden, bevor man sich auf diese Strategien einlässt. Es ist auch wichtig, dass man sich stets über die aktuellen Regulierungen und Gesetze im Bereich Kryptowährungen informiert, um sicherzustellen, dass die Handelsaktivitäten legal sind.

Kapitel 9: DeFi und Smart Contracts

9.1 Was ist DeFi?

DeFi steht für "Decentralized Finance" und bezieht sich auf Finanzdienstleistungen, die auf der Blockchain-Technologie aufgebaut sind. Diese Dienstleistungen sind dezentralisiert und ermöglichen es Anlegern, Finanztransaktionen ohne Banken oder andere zentrale Institutionen durchzuführen.
Ein Beispiel für DeFi ist P2P-Kredite. Hierbei können Anleger ihre Kryptowährungen an andere Anleger verleihen und dadurch Zinsen erhalten. Gleichzeitig können andere Anleger Kryptowährungen von diesen Anlegern ausleihen und dadurch günstigere Kredite erhalten. All das wird auf der Blockchain verwaltet und ermöglicht eine sichere und direkte Transaktion zwischen den Anlegern.

9.2 DeFi-Anwendungen in Kryptowährungen

DeFi-Anwendungen in Kryptowährungen ermöglichen es Anlegern, auf eine Vielzahl von Finanzdienstleistungen und -produkten zugreifen zu können, wie z.B. Kredite, Verleihen und Borrowen von Kryptowährungen, Handel mit Kryptowährungen und vieles mehr. Ein Beispiel für eine DeFi-Anwendung in Kryptowährungen ist Aave, eine P2P-Kreditplattform auf der Ethereum-Blockchain. Anleger können hier Kryptowährungen verleihen und dadurch Zinsen erhalten, während andere Anleger die Möglichkeit haben, Kryptowährungen zu borrowen und dadurch günstigere Kredite zu erhalten.

9.3 Risiken und Chancen von DeFi

DeFi bietet viele Vorteile, wie die Möglichkeit, Finanztransaktionen ohne Banken durchzuführen, höhere Transparenz und Sicherheit durch die Verwendung von Smart Contracts und die Möglichkeit, von höheren Zinsen zu profitieren. Allerdings birgt DeFi auch Risiken, wie die hohe Volatilität von Kryptowährungen, die Abhängigkeit von der Sicherheit der Smart Contracts und Plattformen und die Möglichkeit von Hackangriffen.

Es ist wichtig, diese Risiken abzuwägen, bevor man sich in DeFi-Projekte einlässt und sich stets über die aktuellen Regulierungen und Gesetze im Bereich Kryptowährungen und DeFi zu informieren, um sicherzustellen, dass die Handelsaktivitäten legal sind. Es ist auch wichtig, die Plattformen und Projekte sorgfältig auszuwählen und ihre Sicherheitsmaßnahmen und Risikomanagement-Systeme zu überprüfen, bevor man sich dafür entscheidet.
In jedem Fall sollten Anleger sich bewusst sein, dass DeFi noch ein relativ neues und sich entwickelndes Konzept ist, und dass es in diesem Bereich noch viele Unsicherheiten und Risiken gibt. Es ist wichtig, gut informiert zu sein und sorgfältig zu überlegen, bevor man in DeFi-Projekte investiert.

9.4 Was sind Smart Contracts

Smart Contracts sind digitale Verträge, die auf der Blockchain-Technologie aufgebaut sind. Sie ermöglichen es, Transaktionen automatisch und ohne die Notwendigkeit von zentralen Institutionen durchzuführen. Smart Contracts sind programmierbar und enthalten Regeln und Bedingungen, die automatisch ausgeführt werden, sobald bestimmte Bedingungen erfüllt sind.

Ein Beispiel für einen Smart Contract wäre ein automatischer Kryptowährungsaustausch. Hierbei kann ein Anleger einen Smart Contract erstellen, der automatisch Kryptowährung A gegen Kryptowährung B tauscht, wenn der Kurs von Kryptowährung A einen bestimmten Wert erreicht. Der Austausch wird dann automatisch durchgeführt, ohne dass eine zentrale Institution oder ein Dritter beteiligt sein müsste.

Smart Contracts bieten viele Vorteile wie Transparenz, Sicherheit und Automatisierung von Transaktionen. Sie sind ein wichtiger Bestandteil von DeFi-Anwendungen und ermöglichen es, Finanztransaktionen auf eine dezentralisierte und sichere Weise durchzuführen.

9.5 Smart Contracts-Anwendungen in Kryptowährungen

Smart Contracts sind digitale Verträge, die auf der Blockchain-Technologie aufgebaut sind. Sie ermöglichen es, Transaktionen automatisch durchzuführen, ohne die Notwendigkeit von Banken oder anderen zentralen Institutionen.
In Kryptowährungen werden Smart Contracts verwendet, um verschiedene Dinge zu erledigen, wie zum Beispiel:

- P2P-Kredite: Anleger können ihre Kryptowährungen an andere Anleger verleihen und dadurch Zinsen erhalten.
- Handel mit Kryptowährungen: Smart Contracts können verwendet werden, um Kryptowährungen automatisch zu kaufen oder zu verkaufen.
- Initial Coin Offerings (ICO)*: Smart Contracts können verwendet werden, um neue Kryptowährungen zu verkaufen.
- Versicherungen: Smart Contracts ermöglichen es, Versicherungsverträge automatisch abzuschließen und Auszahlungen zu tätigen.

Smart Contracts erhöhen die Transparenz, Sicherheit und Automatisierung von Transaktionen. Es ist jedoch wichtig, die Risiken und Herausforderungen, die mit der Verwendung von Smart Contracts verbunden sind, im Auge zu behalten. Bevor Smart Contracts eingesetzt werden, sollten sie sorgfältig geprüft und getestet werden, um sicherzustellen, dass sie sicher und legal sind.

*Ein Initial Coin Offering (ICO) ist eine Art von Finanzierung, bei der ein Unternehmen oder Projekt neue Kryptowährungen (auch "Token" genannt) verkauft, um Geld für die Entwicklung und den Ausbau des Projekts zu sammeln. Anleger können dann diese Token kaufen und sie als Investition halten oder sie später verkaufen, um einen Gewinn zu erzielen. Ein ICO ähnelt einem Initial Public Offering (IPO) an der Börse, bei dem Aktien verkauft werden, um Geld für ein Unternehmen zu sammeln.

Ein Beispiel für ein reales ICO aus der Kryptowährungswelt ist das ICO von Ethereum im Jahr 2014. Ethereum ist eine Kryptowährung, die auf einer eigenen Blockchain basiert und eine Plattform für die Entwicklung von dezentralen Anwendungen (dApps) bietet. Im Rahmen des ICOs wurden Ether-Token verkauft, um Geld für die Entwicklung und den Ausbau der Ethereum-Plattform zu sammeln. Anleger konnten Ether-Token kaufen und sie als Investition halten oder später verkaufen, um einen Gewinn zu erzielen.

Kapitel 10: Zusammenfassung und Ausblick

10.1 Zusammenfassung

In diesem Buch haben wir uns mit dem Konzept von Kryptowährungen und ihrer Anwendung in der Finanzbranche beschäftigt. Wir haben uns mit den verschiedenen Arten von Kryptowährungen, ihrer Technologie, ihren Anwendungen und den Risiken und Chancen von Kryptowährungen auseinandergesetzt. Wir haben auch die verschiedenen Möglichkeiten besprochen, Kryptowährungen zu kaufen, zu verkaufen und zu handeln. Dazu haben wir uns mit Kryptowährungsbörsen, Wallet und Trading-Strategien beschäftigt.
Des Weiteren haben wir uns mit dem Konzept von DeFi und Smart Contracts befasst, welche in Zukunft immer wichtiger werden.

10.2 Ausblick auf die Zukunft von Kryptowährungen

Die Zukunft von Kryptowährungen ist ungewiss, aber es gibt viele Anzeichen dafür, dass sie in Zukunft eine immer größere Rolle in der Finanzwelt spielen werden. Immer mehr Unternehmen und Institutionen erkennen die Vorteile von Kryptowährungen und beginnen, sie zu akzeptieren und in ihre Geschäftsmodelle zu integrieren.

Ein wichtiger Faktor für die Zukunft von Kryptowährungen wird die Regulierung sein. Es ist wichtig, dass die Regulierungsbehörden weltweit sicherstellen, dass Kryptowährungen sicher und legal sind, ohne jedoch die Innovationskraft einzuschränken. Auch die Technologie wird sich weiter entwickeln und es wird immer mehr Anwendungen und Möglichkeiten geben, Kryptowährungen zu nutzen. Insbesondere DeFi und Smart Contracts haben das Potenzial, die Finanzbranche grundlegend zu verändern.

Insgesamt ist die Zukunft von Kryptowährungen voller Möglichkeiten und Herausforderungen. Es ist wichtig, sich ständig über die neuesten Entwicklungen zu informieren und sorgfältig abzuwägen, bevor man in Kryptowährungen investiert.

Glossar

Blockchain - Eine dezentralisierte, digitale Aufzeichnung aller Kryptowährungstransaktionen.

Bitcoin - Die erste und bekannteste Kryptowährung.

Mining - Der Prozess, bei dem neue Blöcke in eine Blockchain aufgenommen werden.

Kryptowährung - Eine digitale oder virtuelle Währung, die auf Kryptographie basiert.

Altcoin - Eine Bezeichnung für jede Kryptowährung außer Bitcoin.

DeFi - Abkürzung für "Decentralized Finance", die sich auf Finanzdienstleistungen bezieht, die auf der Blockchain-Technologie aufgebaut sind.

Smart Contracts - Digitale Verträge, die auf der Blockchain-Technologie ausgeführt werden und automatisch ausgeführt werden, wenn bestimmte Bedingungen erfüllt sind.

Exchange - Eine Plattform, auf der Anleger Kryptowährungen gegen andere Kryptowährungen oder Fiat-Währungen handeln können.

Fiat-Währung - Eine von einer Regierung ausgegebene Währung, wie z.B. US-Dollar oder Euro.

Arbitrage - Eine Handelsstrategie, bei der Anleger von Preisunterschieden zwischen verschiedenen Kryptowährungsbörsen oder Handelsplattformen profitieren.

Margin Trading - Das Handeln mit gehebeltem Kapital.

Algorithmic Trading - Der Einsatz von computergestützten Handelsstrategien, um automatisch Trades auszuführen.
Volatility - Die Schwankungen der Preise von Kryptowährungen.

Private Key - Ein geheimer Schlüssel, der für den Zugriff auf ein Kryptowährungskonto und die Ausführung von Transaktionen erforderlich ist.

Public Key - Ein öffentlicher Schlüssel, der zur Übertragung von Kryptowährungen an ein bestimmtes Konto verwendet wird.

Whitepaper - Ein Dokument, das die Technologie, das Konzept und die Ziele eines Kryptowährungsprojekts beschreibt.

ROI (Return on Investment) - Der Prozentsatz des Gewinns im Verhältnis zum investierten Kapital.

FOMO (Fear of Missing Out) - Die Angst, etwas zu verpassen, insbesondere bei steigenden Preisen von Kryptowährungen.

HODL - Ein internet-Slang, der aus "hold" (halten) abgeleitet ist und darauf abzielt, Kryptowährungen langfristig zu halten, anstatt sie zu verkaufen.
Liquidität - Die Fähigkeit eines Vermögenswerts, schnell und zu einem akzeptablen Preis gehandelt zu werden.

Proof of Work (PoW) - Ein Konsensmechanismus, bei dem Miner durch das Lösen komplexer Mathematischer Probleme neue Blöcke in die Blockchain aufnehmen und dadurch neue Kryptowährungen erhalten.

Proof of Stake (PoS) - Ein Konsensmechanismus, bei dem die Wahrscheinlichkeit, einen neuen Block zu erstellen, proportional zur Menge an Kryptowährung, die ein Nutzer hält und bereit ist, als "Stake" zu setzen, ist.

Stablecoin - Eine Kryptowährung, die an den Wert einer fiat-Währung gebunden ist und dadurch für mehr Stabilität sorgt.

Halving - Ein Ereignis, bei dem die Belohnung für das Mining von Kryptowährungen halbiert wird. Dies geschieht regelmäßig und dient dazu, die Inflation der Kryptowährung zu kontrollieren.

NFT (Non-Fungible Token) - Ein digitaler Vermögenswert, der einzigartig und nicht austauschbar ist. Sie werden häufig verwendet, um digitale Kunst, Musikrechte oder virtuelle Gegenstände in Spielen zu repräsentieren.

DAO (Decentralized Autonomous Organization) - Eine Organisation, die auf der Blockchain-Technologie aufgebaut ist und dezentral verwaltet wird. Mitglieder treffen Entscheidungen durch Abstimmung und die Organisation wird von Smart Contracts gesteuert.

Gas - Eine Gebühr, die für die Ausführung von Transaktionen und die Nutzung von Smart Contracts in der Ethereum-Blockchain erhoben wird.

Cold Storage - Eine Methode zur sicheren Aufbewahrung von Kryptowährungen, bei der die Private Keys offline aufbewahrt werden, um sie vor Hackerangriffen zu schützen.

Fork - Eine Änderung der Regeln einer Blockchain, die zu einer Trennung in zwei separate Blockchains führt.

Hard Fork - Eine Art von Fork, bei der die neue Blockchain nicht mehr mit der alten kompatibel ist und somit eine separate Währung entsteht.

Soft Fork - Eine Art von Fork, bei der die neue Blockchain mit der alten kompatibel ist und Transaktionen weiterhin auf beiden Blockchains ausgeführt werden können.

Airdrop - Eine Methode zur Verteilung von Kryptowährungen, bei der die Coins oder Tokens kostenlos an bestehende oder neue Nutzer ausgegeben werden.

IEO (Initial Exchange Offering) - Eine Art von Kryptowährungs-Crowdfunding, bei dem die Emission von neuen Coins oder Tokens auf einer Kryptowährungsbörse durchgeführt wird. Im Gegensatz zum traditionellen Initial Coin Offering (ICO), bei dem Investoren direkt an das Projektteam verkauft werden, werden bei einem IEO die Coins oder Tokens über eine Kryptowährungsbörse verkauft, die als Plattform fungiert und die Regulierung und die Legitimität des Projekts überprüft. Dies erhöht die Sicherheit für Investoren, da die Börse als Mittelsmann fungiert und die Risiken des Projekts minimiert.

Oracles - Eine Art von Smart Contract, die externe Datenquellen integriert und die Ausführung von Smart Contracts auf der Grundlage von realen Ereignissen ermöglicht.

Literaturverzeichnis:

1. Nakamoto, S. (2008). Bitcoin: A Peer-to-Peer Electronic Cash System. Bitcoin.org.
2. Buterin, V. (2014). A Next-Generation Smart Contract and Decentralized Application Platform. Ethereum.org.
3. Swan, M. (2015). Blockchain Basics: A Non-Technical Introduction in 25 Steps. CreateSpace Independent Publishing Platform.
4. Tapscott, D., & Tapscott, A. (2016). Blockchain Revolution: How the Technology Behind Bitcoin Is Changing Money, Business, and the World. Penguin.
5. Casey, M., & Vigna, P. (2018). The Truth Machine: The Blockchain and the Future of Everything. St. Martin's Press.
6. Wüst, K., & Gervais, A. (2018). Is Bitcoin a Real Currency? An Economic Appraisal. Journal of Monetary Economics, 84, 1-15.
7. Narayanan, A., Bonneau, J., Felten, E., Miller, A., & Goldfeder, S. (2016). Bitcoin and Cryptocurrency Technologies: A Comprehensive Introduction. Princeton University Press.
8. Rauchs, M., & Vermeulen, D. (2017). Global Cryptocurrency Benchmarking Study. University of Cambridge.

www.ingramcontent.com/pod-product-compliance
Lightning Source LLC
Chambersburg PA
CBHW050314220526
45465CB00005B/1986